I

Au travail

COLLÈGUE, PATRON(NE), EMPLOYÉ(E),
CLIENT(E), ASSOCIÉ(E), CONCURRENT(E)

Le patron Vierge

Il est **pragmatique** et, en général, réaliste. Les intentions qui se dissimulent derrière les actes sont loin d'être aussi importantes pour lui que les résultats ! **Les faits et les chiffres** jouent un grand rôle dans ses raisonnements. Il est donc préférable de les connaître sur le bout des doigts quand on est appelé dans son bureau... Il n'acceptera les excuses que si elles sont étayées par la logique et des preuves recevables. Ne cherchez pas à susciter sa compréhension et restez, dans vos relations, aussi froid que possible. Son temps est précieux, comme le vôtre, alors ne le gaspillez pas en bavardages inutiles !

+
RÉALISTE
PRAGMATIQUE
CONCRET
POINTS FORTS

–
PEU RÉCEPTIF
PEU SYMPATHIQUE
FROID
POINTS FAIBLES

OBJECTIF
ÉCONOME
CONCIS
RELATIONNEL

Son mode de management

Le patron Vierge est prêt à vous laisser **prendre des décisions**, pour autant qu'elles soient solidement étayées ! Mais il ne veut ni discussions stériles ni imprécision dans l'expression ou la mise en œuvre de ce que vous avez décidé. Pour ce patron, la décision écrite l'emporte sur les simples paroles. Il lui faut la date à laquelle elle a été prise, les ressources en personnel et matériel requises, un budget en bonne et due forme et toute autre information utile. Même si, en votre présence, il ne paraît jeter qu'un coup d'œil à vos plans, soyez sûr qu'en privé, il les examinera **à la loupe**...

Comment l'impressionner

En général, le patron Vierge est impressionné par les faits, et **seulement les faits** ! Évidemment, il tient aussi à ce qu'ils soient parfaitement présentés. Ce personnage adore les listes, plannings, agendas et toutes les aides structurelles qui permettent de rendre les chiffres plus convaincants et plus faciles à comprendre. Quand vous présentez les

Lui annoncer une mauvaise nouvelle...

Bien que ce patron **se laisse rarement aller**, l'annonce brutale de mauvaises nouvelles peut provoquer une colère immédiate. En général, sa première question sera : « Comment est-ce arrivé ? » et la seconde : « Qui est responsable ? » Pour la Vierge, il est essentiel de savoir **qui est fautif**. Dès qu'elle est certaine d'avoir découvert le vrai coupable, elle le réduit à néant avec la précision d'un laser ! Des critiques, assénées par un patron Vierge relativement calme, passeraient, chez n'importe qui d'autre, pour une exécution dans les règles de l'art. Les accusations pleuvent dru, et seule une victime capable de parer chaque coup avec dextérité garde une chance de survie professionnelle...

choses, soyez bref et **n'enrobez jamais votre propos**. Souvenez-vous : la Vierge aime se faire son idée personnelle et n'a nul besoin que vous lui chantiez les louanges de vos projets. Si vous l'avez impressionnée, elle sera motivée pour vous donner un coup de pouce...

Comment défendre un projet

Commencez par expliquer vos intentions et les **potentialités du projet** sous forme d'un rapide exposé. Abordez ensuite les points les plus importants, en les énumérant les uns après les autres. Après quoi, préparez-vous à répondre aux questions précises qui ne manqueront pas de porter sur les plus infimes points de détail. Enfin, donnez une **évaluation des besoins** en matière de budget, de personnel et de temps nécessaires à la réalisation du projet. Le patron Vierge est plutôt pingre ! Attendez-vous donc à ce qu'il réduise au strict minimum vos besoins et les moyens à disposition.

Obtenir une augmentation

Rassemblez le plus d'éléments possible pour démontrer votre engagement dans votre travail et les **résultats positifs** que vous avez enregistrés ! Ne soyez pas surpris si votre Vierge de patron est déjà au courant de tout : enquêtes et contrôles sont ses spécialités. Prouvez que vous agiriez plus efficacement et seriez d'un plus grand intérêt pour l'entreprise à un poste plus élevé. Notre personnage ne manquera pas de vous poser quelques questions pour tester vos nerfs. Répondez **succinctement et avec précision**. Évitez les digressions et les plaisanteries, tout comme les brusques changements de sujet.

L'employé Vierge

L'employé Vierge prend son métier très à cœur et fait un travail de qualité à un échelon professionnel assez élevé. Sérieux et **digne de confiance**, il est parfois un peu terne. La Vierge étant d'un caractère réservé, son travail lui tient souvent lieu d'exutoire social. En fin de compte, son métier est autant un moyen de gagner sa vie qu'une possibilité d'**établir des relations** quotidiennes avec ses frères humains… Ses meilleurs amis se trouvent fréquemment parmi ses collègues. Les discussions du déjeuner et les échanges devant la machine à café sont pour elle autant d'opportunités sur le plan social !

POINTS FORTS (+)
- SÉRIEUX
- PROFESSIONNEL
- FIABLE

POINTS FAIBLES (–)
- TERNE
- INTROVERTI
- ENNUYEUX

RELATIONNEL
- RESPONSABLE
- CONSCIENCIEUX
- SERVIABLE

Comment le recruter

À la lecture de son CV et dès la première entrevue, il est assez facile de déterminer à quoi l'employé Vierge peut ou ne peut pas prétendre. Il cherche rarement à se faire passer pour ce qu'il n'est pas, simplement pour décrocher le job... **Réaliste avant toute chose**, il sait qu'employeur et employé doivent avoir une idée claire de ce qui les attend quand ils travailleront ensemble. Ses questions sont souvent perspicaces, mais aussi très révélatrices de ses **priorités**. L'employé Vierge veut, par-dessus tout, être certain que l'entreprise peut lui assurer un niveau de sécurité satisfaisant !

Comment le gérer

La Vierge est un **signe plutôt cérébral**. Toutes les questions nécessitant de l'intelligence et de l'agilité mentale, tous les problèmes à résoudre l'intéressent ! Ce qui motive le plus fortement l'employé Vierge ? Les projets menés selon une logique rigoureuse, mais aussi les patrons qui savent tirer parti de ses facultés intellectuelles. Très critique lui-même, cet employé accepte et **tire profit des remarques**, pourvu qu'elles soient constructives et faites avec doigté. Si le patron reste objectif et évite la colère et les accusations directes, la Vierge se montre un instrument dévoué, qui exécute les ordres venus

Quelles tâches lui confier ?

Si le travail est préparé et expliqué avec soin, l'employé Vierge remplira sa tâche à la perfection. Très terre à terre, il suivra les **instructions à la lettre**. Évitez de lui laisser trop de liberté d'interprétation : détaillez clairement les choses en procédant point par point. Mieux vaut qu'il se sente libre de poser des questions et de consulter ses supérieurs en cas de problème. La Vierge **préfère travailler seule** plutôt qu'en équipe, il faut donc lui assigner une tâche dans laquelle son souci du détail, sa précision et sa concentration porteront leurs fruits !

d'en haut. Sensible aux gratifications, elle se contente d'un mot de remerciement ou de félicitations pour un travail bien fait, mais elle apprécie encore plus **primes ou promotions**...

Lui annoncer une mauvaise nouvelle

La Vierge souffre souvent d'un **complexe d'infériorité** caché. Il peut remonter à la surface quand elle est confrontée à un coup dur, qu'il s'agisse d'une mauvaise nouvelle ou d'une menace de licenciement. Il n'est pas rare que cet employé perde alors tout contrôle et s'effondre ! En patron ou directeur attentif, **prenez vos précautions** en annonçant un événement fâcheux à une Vierge, et évitez de la mettre en cause directement. Tenez-vous-en aux faits et aux chiffres qui prouvent que la situation est devenue impossible. Abordé ainsi, l'employé Vierge est capable de rectifier le tir et peut continuer à remplir parfaitement son rôle dans l'entreprise par la suite.

Le collègue Vierge

La Vierge est souvent **très proche** de ses collègues, non seulement en tant que professionnelle, mais en tant qu'amie. Elle préfère travailler seule, mais si elle fait partie d'une équipe, elle est fière de sa réussite. Dans un groupe, elle cherche rarement à prendre le commandement et se contente d'un **rôle modeste**. Elle travaille dur et n'est pas du genre à se décharger sur ses collègues de ce qu'elle n'a pas envie de faire. En général polie et attentionnée, la Vierge peut aussi se montrer parfaitement indifférente aux subtilités émotionnelles, tant elle est obsédée par son **amour du détail** et des faits objectifs.

+
SERVIABLE
HONNÊTE
POLI
POINTS FORTS

–
INSENSIBLE
ANTIPATHIQUE
FROID
POINTS FAIBLES

MODESTE
TRAVAILLEUR
RÉSERVÉ
RELATIONNEL

Lui demander de l'aide

Demandez-lui conseil **à titre professionnel** plutôt que personnel ! Prompt à donner son avis, ce collègue peut interpréter une situation totalement à contresens et faire une recommandation qui se révélera désastreuse si elle est suivie à la lettre... Pour toutes les questions professionnelles touchant aux programmes, procédures complexes et détails techniques, en revanche, il fera merveille. Son **esprit acéré** a le chic de l'orienter dans un labyrinthe d'informations et lui faire découvrir des procédés pratiques et efficaces. S'il parle ou pense trop vite pour vous, demandez-lui juste de ralentir et de prendre le temps de vous expliquer les choses simplement.

Si vous avez besoin d'aide, la Vierge ne se précipitera pas immédiatement dans l'action ! Elle a **besoin de réfléchir** à votre demande et d'en examiner les conséquences possibles sur son propre statut professionnel. Si elle pense que le fait de vous aider ne lui portera pas préjudice, elle acceptera probablement. Elle peut être longue à se mettre en route, mais elle **honorera ses promesses**. Attendez-vous, pourtant, à ce qu'elle réduise sans préavis l'étendue ou la durée de ses services, pour des motifs variés.

Comment l'impressionner

Pour que la Vierge donne le meilleur d'elle-même, il faut qu'elle soit dans un groupe de **travailleurs acharnés** où chacun fait sa part. Elle ne supporte ni les fumistes ni les parasites ! Et elle déteste les individus charmeurs ou superficiels qui cherchent des passe-droits ou manipulent les autres pour se dérober à leurs obligations. Quand ce genre de nuisible apparaît dans un groupe, demandez à la Vierge de mettre les points sur les « i » et de remettre l'individu dans le droit chemin. L'**obstination** n'est pas la moindre de ses qualités et elle ne prendra pas un instant de repos tant que l'équipe ne fonctionnera pas avec le maximum d'efficacité.

En cas de désaccord...

Seuls le bon sens et les **arguments logiques** peuvent convaincre une Vierge ! Faire appel à ses émotions tombe généralement à plat. Si vous avez des critiques à formuler, prenez-la à part et analysez ses méthodes point par point, patiemment et de manière constructive. Réduisez ces séances au minimum, car les critiques répétées finissent par l'énerver et la décourager. Pour persuader une Vierge de la justesse de vos observations, contentez-vous de **brèves explications** ! Il n'est pas toujours facile de la convaincre du premier coup, car elle a besoin de s'assurer que vos méthodes marchent avant de se décider à les adopter.

Faire équipe avec lui

Le collègue Vierge se montre extrêmement coopératif quand il travaille en équipe, à condition qu'on ne l'ignore pas et qu'on ne considère pas sa collaboration comme un fait acquis ! **Peu avide d'avantages** et de gratifications, il se sent pleinement récompensé si on félicite le groupe auquel il appartient. Rarement rebelle, ce collègue proteste néanmoins s'il se sent traité de manière injuste. Les promesses non tenues l'ulcèrent, car pour lui, **parole donnée vaut contrat**. Ne tenez pas trop compte de ses récriminations : se plaindre de ses petites frustrations est nécessaire à la santé mentale d'une Vierge...

Le client Vierge

Ce client se montrera **exigeant et tatillon**, sans nul doute. Travailler avec lui nécessite de faire preuve de beaucoup de concentration, puisqu'il veut qu'on suive ses instructions à la lettre. Il examinera vos rapports **à la loupe** et vous serez obligé de mettre les points sur les « i » et les barres aux « t » ! Essayez de l'amener à voir les choses dans leur ensemble et insistez sur les lignes directrices ou la philosophie de votre projet. Mais ne vous attendez pas à des miracles ! Il vous **félicitera rarement**, le seul fait qu'il reste votre client devant être considéré déjà comme un compliment.

+
CONCENTRÉ
MINUTIEUX
PRÉCIS
POINTS FORTS

—
TATILLON
MANIAQUE
INGRAT
POINTS FAIBLES

FACTUEL
OBSERVATEUR
ANALYTIQUE
RELATIONNEL

Comment l'éblouir

Le client Vierge exige que vous ayez une **approche analytique** et minutieuse, comme lui ! Tâchez de connaître les grandes lignes d'un de ses précédents projets, afin d'étudier sa démarche avant de vous lancer. Vous impressionnerez profondément la Vierge quand elle verra comment vous êtes capable de **répondre de A à Z** à son cahier des charges. Pour avoir une idée de l'avancement du travail, elle vous demandera de faire régulièrement des « points ». À tout moment, elle peut tirer le signal d'alarme et tout stopper pour corriger et rediriger vos efforts, alors tenez-vous prêt !

Capter son attention

La Vierge est très attachée à sa façon de procéder : si vous voulez qu'elle vous prête une oreille attentive, **montrez-vous curieux** et demandez-lui comment elle aborderait tel ou tel problème !

Évitez de saupoudrer la conversation d'anecdotes et de plaisanteries et, plus important, **fuyez les digressions** et ne changez pas continuellement de sujet. La Vierge aime la complexité et c'est en stimulant ses facultés cérébrales que vous capterez son attention. La difficulté est une chose qui la fascine et, selon l'agilité intellectuelle dont vous saurez faire preuve, vous l'intéresserez ou non...

Lui vendre à tout prix

Une fois que vous aurez fait vos preuves auprès du client Vierge, lui vendre un produit ou un projet nouveau ne devrait guère poser de problèmes ! Mais il faut d'abord que vous soyez **crédible à ses yeux**. Pour ce faire, il est impératif que votre premier projet avec lui soit un succès. Votre présentation doit être logique, sans contradictions ni incohérences ! Montrez-vous optimiste et positif, mais évitez d'escamoter ou d'ignorer les difficultés potentielles telles que les contraintes de coûts ou de délais.

Vos **références auprès d'autres clients** sont un bon argument de vente, surtout si vous avez amélioré la position d'un de ses concurrents dans le passé…

Dress code et comportement

Évitez de porter des vêtements voyants ou **trop élégants** qui risquent de distraire votre client et de l'empêcher de se concentrer sur les projets. Les parfums entêtants, le style sexy ou les coiffures branchées peuvent s'avérer tout aussi **contre-productifs**… Ayez l'air d'une personne sérieuse et attentive. Vous pouvez même insister sur cet aspect, en prenant studieusement des notes et en posant des questions pertinentes. La Vierge n'aime guère que ses auditeurs soient inattentifs et elle déteste par-dessus tout qu'ils se montrent incapables de saisir ce qu'elle veut. Elle ne supporte pas de se répéter : essayez de comprendre ce qu'elle dit **du premier coup**…

Lui annoncer une mauvaise nouvelle...

Ce client peut parfaitement accepter une mauvaise nouvelle si vous lui exposez toutes les raisons qui expliquent, **de façon logique**, cet échec. En lui exposant les causes une par une et en lui faisant voir comment y remédier (ou au moins les minimiser) à l'avenir, vous le convaincrez de vous accorder une seconde chance. La Vierge peut se montrer enthousiaste si on lui propose une **nouvelle approche** d'un ancien problème. Surtout s'il s'agit d'une **solution économique** qui n'infléchit qu'à peine sa démarche : de légers changements de direction préservant ses intentions originales auront toujours sa préférence.

Comment le distraire

La Vierge peut se laisser aller et s'amuser comme une folle, pourvu que ce soit en dehors du cadre professionnel. Elle veut maintenir une **stricte séparation** entre sa vie personnelle et professionnelle, mais elle ne sait pas comment s'y prendre ! En lui permettant d'oublier sa carrière pendant un temps et de s'abandonner à ses **instincts hédonistes**, vous lui ferez une grande faveur – qu'elle n'est pas près d'oublier. Une fois que vos talents d'amuseur auront séduit le client Vierge, il est probable qu'il voudra **continuer à faire affaire** avec vous, les parenthèses de bon temps que vous lui réservez faisant office d'appât et de prime...

L'associé Vierge

En règle générale, cet associé est un bon partenaire de travail... si l'on excepte le **côté versatile** de la Vierge, qui se manifeste fréquemment. Souvent imprévisible, il peut déconcerter ses collaborateurs par ses brusques revirements. Ce n'est pas forcément par calcul qu'il agit ainsi, mais sous le coup d'impulsions dont il est parfois le premier surpris. Voilà pourquoi il est si difficile de savoir absolument à quoi s'attendre avec lui. De plus, en bonne Vierge, son **caractère secret** l'incline à garder beaucoup de choses pour lui : vous aurez donc un certain mal à savoir ce qu'il pense...

+
LOYAL
CALME
DISCRET
POINTS FORTS

−
IMPRÉVISIBLE
DÉCONCERTANT
IMPULSIF
POINTS FAIBLES

SECRET
SURPRENANT
DISCRET
RELATIONNEL

S'associer avec lui

La Vierge aime savoir à l'avance **ce qu'on attend d'elle**. Dans une association, la répartition du travail sera minutieusement discutée, planifiée et consignée par écrit. Elle accepte rarement une tâche qu'elle n'est pas sûre de pouvoir accomplir. La Vierge cherche avant tout à **obtenir de bons résultats** et elle attend plus ou moins la même chose de son ou ses associés... Paradoxalement, les partenaires qui lui conviennent le mieux lui sont diamétralement opposés : ils sont à l'aise dans la théorie, l'imagination et l'intuition...

La répartition des tâches

Dans la mesure du possible, laissez l'associé Vierge **travailler comme il l'entend** ! S'il est nécessaire de réunir une équipe de spécialistes pour l'aider à mettre en œuvre ses idées, qu'il choisisse lui-même ses assistants... En général, il sait d'instinct avec qui il peut travailler et avec qui c'est impossible. Si vous avez besoin d'assistance sur l'un de vos projets, l'associé Vierge sera prêt à vous tendre une **main secourable**. Évitez toutefois de l'interrompre dans

Est-il gérable ?

Ingérable à certains égards, l'associé Vierge sait se montrer extrêmement agréable à d'autres ! Cela dépend évidemment de son caractère... En tout cas, quand il résiste à une demande, battez immédiatement en retraite et cherchez une **approche moins directe** et moins conflictuelle. De la même manière, évitez de profiter de son apparente bonne volonté à se soumettre aux ordres, qui peut dissimuler une rancœur prête à ressurgir plus tard... Plutôt que de lui demander : « Est-ce que tu veux bien faire cela ? », essayez de **deviner sa réponse** sans poser la question. L'associé Vierge appréciera votre perception extrasensorielle de ses désirs et de ses besoins... et cela mettra un peu d'huile dans ses rouages grinçants !

son travail ; une fois déconcentré, il peut avoir du mal à retrouver ses marques !

Maintenir de bonnes relations

Les problèmes avec l'associé Vierge ne surgissent souvent qu'**après une assez longue période**. En fait, vous pouvez croire que tout se passe bien jusqu'au jour où ses foudres vengeresses s'abattent sur vous et vous renversent ! Pour éviter de telles mésaventures, encouragez votre Vierge à dire de temps à autre ce qu'elle a sur le cœur, et prenez-la au sérieux. Cette démarche n'est pas sans risques, car elle **adore se plaindre** et, en la confortant dans cette voie, vous risquez de mettre le doigt dans l'engrenage...

Mettre fin à votre collaboration

La Vierge est souvent très attachée à l'association. Mais elle a assez de **sens des réalités** pour s'apercevoir que les choses ne fonctionnent plus ! Si c'est vous qui n'êtes plus satisfait de la situation, alors qu'elle continue à l'être, essayez de faire des **suggestions concrètes** pour remédier à ce qui ne vous convient pas. Si elle n'approuve pas, ce désaccord fournira une cause de séparation qu'elle acceptera. Quand l'associé Vierge n'est plus satisfait, il peut souffrir pendant des mois ou des années sans rien dire et, un jour, annoncer brusquement qu'il en a assez !

Le concurrent Vierge

Le concurrent Vierge peut se révéler extrêmement intelligent et c'est un adversaire redoutable **sur le plan intellectuel**. Aimant particulièrement se mesurer à ses rivaux, il cherche à les perturber, les désorienter et les exaspérer, en utilisant toutes les tactiques imaginables pour **semer le trouble**... Tout cela est fait de manière subtile, tandis que lui reste froid, calme et serein de son côté de la barrière. Dès que sa stratégie a produit les résultats escomptés, il revient à ses plans initiaux et s'occupe de ses propres produits ou services, innocemment, comme si rien ne s'était passé !

+
INTELLIGENT
REDOUTABLE
SUBTIL
POINTS FORTS

—
MENTEUR
TROP SÛR DE LUI
PEU DIGNE DE CONFIANCE
POINTS FAIBLES

RETORS
SOURNOIS
SECRET
RELATIONNEL

Stratégie de combat

La meilleure façon de déjouer les manœuvres sournoises du concurrent Vierge est de lui rendre la **monnaie de sa pièce** ! Dès qu'il s'immisce dans vos relations publiques ou dans vos campagnes de marketing, déclarez-lui une **guerre ouverte, mais silencieuse**, et contre-attaquez. Essayez de saper ses plans avec les mêmes moyens qu'il emploie pour déstabiliser les vôtres. Tout en cherchant à limiter les dégâts dans vos rangs, contrez ses agressions et réparez vite les trous qu'il aura faits dans vos défenses. Cette réponse rapide l'énervera et le rendra vulnérable !

Déjouer ses plans

La Vierge est au meilleur d'elle-même lorsqu'elle élabore des plans : n'essayez pas de la battre sur ce terrain ! Attendez que ses objectifs deviennent clairs avant de chercher à vous y opposer point par point.

Si vous réussissez à **percer son armure** en un ou deux endroits, votre concurrent risque de mettre en doute l'efficacité de tous ses calculs. Vous pouvez être sûr qu'il effectuera des changements. Ainsi, c'est vous qui donnerez le tempo des opérations et, dès lors, il ne fera plus que réagir à vos mouvements tactiques. La Vierge est souvent déroutée quand elle se trouve **sur la défensive**...

Comment l'impressionner

Dans la mesure où le concurrent Vierge agit toujours en secret, adoptez une approche opposée ! Montrez-vous **expansif et communicatif**, vous avez toutes les chances d'irriter et de déstabiliser votre adversaire. Il est surpris (et se moque probablement de cette naïveté qui vous rend trop bavard), et pendant ce temps, vous profitez de son étonnement pour prendre l'avantage. Semez à foison **faux indices** et témoignages contradictoires pour ébranler ses certitudes. Dès qu'il commencera à réagir, il dévoilera probablement beaucoup de ses intentions cachées...

Prendre l'avantage

La plupart du temps, le concurrent Vierge traite ses vraies affaires **en coulisse**. Parfois même, il fait représenter les intérêts de sa société, de manière non officielle, par un prête-nom. Contrez-le directement en vous livrant à de petites recherches et à de l'**espionnage** pour miner sa stratégie ! Dans une guerre des enchères ouvertes, le **bluff** reste le meilleur moyen de vous opposer à ce concurrent, puisqu'il est probable qu'il prendra vos actions au pied de la lettre. En faisant des offres élevées, vous le pousserez à surenchérir, puis vous vous retirerez du jeu pour le laisser seul gagnant d'un marché surévalué que, de toute façon, vous ne vouliez pas remporter...

La psychologie du concurrent Vierge...

En général, le concurrent Vierge cherche à se montrer objectif. En ce qui concerne les questions personnelles, il est très secret et **protège son intimité**. Une simple allusion à un point de sa vie privée suffit à le perturber. En temps de paix, il est préférable d'éviter scrupuleusement ce genre de sujet. Par contre, si vous êtes en guerre avec ce type d'adversaire, vous pouvez parfaitement utiliser cette arme ! La **colère** est la pire ennemie de la Vierge qui, du coup, prête le flanc aux attaques, expose sa sensibilité et soumet son délicat système nerveux à un **stress intense**.

II

En couple

PETIT(E) AMI(E), CONJOINT(E), EX, FLIRT, AMANT(E)

Le flirt Vierge

La Vierge peut se montrer **réservée et distante** lors du premier rendez-vous. Critique et prudente, elle garde ses sentiments pour elle et ne laisse pas deviner ce qu'elle pense de vous. Ne vous immiscez pas dans sa sphère. Ne l'acculez pas, ne la forcez pas à vous dire si elle a passé un bon moment. Lors d'une première rencontre, la Vierge **veut plaire et faire de l'effet** : n'hésitez pas à lui en faire compliment. Elle attend que vous vous montriez spirituel, que vous parliez de choses passionnantes, pimentées de commentaires fins ! Si elle se tait, cela n'implique pas qu'elle ne vous apprécie pas...

+
ÉLÉGANT
SÉDUISANT
DÉLICAT
POINTS FORTS

–
FERMÉ
IMPASSIBLE
SILENCIEUX
POINTS FAIBLES

CALME
IMPERTURBABLE
DÉTACHÉ
RELATIONNEL

L'attirer dans vos filets

Généralement, la Vierge n'a rien contre un rendez-vous ! Toutefois, elle vous fera probablement comprendre qu'une première rencontre n'est pas le meilleur moment pour parler. **Téléphonez-lui** quelques jours plus tard et, à ce moment-là, vous pourrez projeter de vous revoir ! Prévoyez de ne faire qu'une balade ou de prendre un café ou un verre ensemble, plutôt que d'organiser une sortie en règle avec dîner et spectacle. Cette première approche donne à la délicate Vierge la possibilité de **mieux vous connaître** et de décider si elle doit poursuivre...

Où sortir ?

Après vous être rencontrés, avoir parlé au téléphone, avoir fait une balade ou pris un verre, vous êtes maintenant prêts pour votre premier vrai rendez-vous ! C'est le moment de vous lâcher : **ne lésinez pas sur les moyens** pour impressionner votre Vierge.

Renseignez-vous sur ses goûts en matière de musique, de cuisine ou autres activités... Il n'y a rien de pire que de lire la désapprobation ou l'ennui sur le visage de la Vierge si elle n'est pas emballée par vos choix ! Elle est très douée pour les reproches : vous saurez donc immédiatement ce qui ne va pas – à temps peut-être pour rectifier le tir !

Faire le premier pas

Avec la Vierge, mieux vaut trouver le **juste moment** pour faire le premier pas ! Sa réaction ne sera favorable que si tout est parfait. Si l'instant n'est pas tout à fait bien choisi, elle vous remettra à votre place, au propre comme au figuré... Quant à pousser la Vierge à faire le premier pas, ce n'est pas la bonne solution, car elle s'engage rarement aussi vite. Ce n'est pas une bonne idée non plus de trop attendre si elle semble réceptive à vos avances ! C'est **vous** qui devrez tôt ou tard agir et **vous lancer**, en prenant le risque d'être rembarré...

Comment l'épater

La Vierge se laisse impressionner par une **organisation impeccable** ! Si tout est parfaitement au point, vous aurez franchi le premier obstacle. Une telle **planification** nécessite de faire des réservations, d'acheter des billets, de prévoir un

À faire ou à ne pas faire...

Avec la Vierge, il est plus facile de répertorier ce qu'il ne faut pas faire ! Elle est tellement perfectionniste et maniaque qu'**un rien peut la contrarier**. Par exemple, elle va apprécier ce que vous lui offrez, mais pas là, ni maintenant ! Étant donné que ses réactions sont assez difficiles à prévoir, même pour elle, il faut simplement que vous preniez le risque. Ce qu'elle aimerait vraiment ? Que vous soyez capable de **décrypter son état d'esprit** et son humeur et que vous puissiez improviser, sur-le-champ, quelque chose qui lui plaise...

moyen de transport confortable, de s'assurer d'une certaine intimité, mais, surtout, d'avoir assez de classe pour sortir avec elle. Elle attend de vous que tout se passe à la **perfection** ; si ce n'est pas le cas, son manque d'empathie et de compréhension peut être stupéfiant. Il ne suffit pas que vous fassiez de votre mieux - tout doit être irréprochable. Ce type d'exigence pousse certains aux prodiges, mais risque de décourager les autres...

Comment s'en débarrasser

Les deux partenaires sauront, dès la fin de leur première soirée - et même souvent plus tôt -, si le courant passe... Notre Vierge est **pragmatique** et il est rare qu'elle poursuive avec quelqu'un qui n'est visiblement pas la bonne personne, ou *vice versa*. Inutile de chercher des excuses élaborées pour rompre avec un individu aussi lucide et logique. Le flirt Vierge ne s'offusquera pas si vous lui dites la vérité !

Le/la petit(e) ami(e) Vierge

L'avantage d'avoir un/une petit(e) ami(e) Vierge apparaît quand il s'agit d'organiser un voyage, de faire des réservations et de prévoir l'avenir. Les calculs minutieux de la Vierge laissent peu de place à l'erreur, il faut que tout soit **tiré au cordeau**. Vous préféreriez parfois qu'elle ne soit pas si perfectionniste et laisse une marge pour des changements de dernière minute. Mais elle vous fera gagner beaucoup de temps et vous épargnera bien des ennuis. En règle générale, pour elle, la relation est plus importante que pour son partenaire, et elle fait de son mieux pour **protéger l'autre**.

+
STRUCTURÉ
ORDONNÉ
ORGANISÉ
POINTS FORTS

–
RIGIDE
COMPULSIF
ENTÊTÉ
POINTS FAIBLES

RÉFLÉCHI
PRÉCIS
ORDONNÉ
RELATIONNEL

Discussion ou monologue ?

En toutes circonstances, la Vierge vous rappellera vos promesses et exigera que vous fassiez ce qui a été prévu... Au cours d'une discussion, si vous changez d'idée, elle verra la chose d'un fort mauvais œil. La Vierge préfère **discuter de points précis** plutôt que de bavarder simplement, même si elle a un faible pour les ragots et autres **anecdotes croustillantes**... Les échanges les plus agréables seront ceux qui la font rire ou sourire : ce sont bien les seuls moments où elle abandonne sa mine sévère et se laisse vraiment aller !

De l'intérêt de se disputer

N'espérez pas sortir vainqueur d'un affrontement avec une Vierge ! Non seulement elle **démolira vos objections** à grands coups de logique, mais elle restera de marbre devant tous vos efforts pour vous opposer à sa volonté ou échapper à vos responsabilités... La situation n'en est pas moins paradoxale : bien que son raisonnement soit cohérent, son comportement ne l'est pas toujours. Si on la pousse dans ses retranchements, elle dira simplement « non » en refusant d'écouter la moindre objection de bon sens. Cette curieuse combinaison de rationnel et d'irrationnel en fait un **adversaire redoutable**... enclin à ne jamais pardonner et à ne pas oublier facilement !

Son humour...

Certaines personnes affirment que la Vierge n'a **aucun** sens de l'humour... Les mêmes prétendent qu'elle est critique, tatillonne, susceptible, et que rien ne lui plaît. D'aucuns vont même jusqu'à lui refuser la moindre qualité, assurant que son **esprit négatif** finit toujours par détruire une relation amoureuse. Même si le trait est forcé, on ne peut nier que le caractère sérieux de ce partenaire l'empêche souvent de se détendre et de s'amuser vraiment. Mais ceux qui savent **comment dérider** leur Vierge n'ont, en général, pas à s'en plaindre...

Une voyageuse organisée

Quel plaisir d'être assis dans une voiture, un avion ou un train et de savoir que tout, depuis les billets jusqu'aux rafraîchissements, a été **pris en charge** par votre Vierge chérie ! Quand on naît sous ce signe, l'organisation devient une **seconde nature**. Il est rare qu'une Vierge commette de grosses bourdes, mais quand cela arrive, elle les considère comme de malheureux accidents et refuse d'en assumer la responsabilité. En voyage, elle n'est pas contre les conversations, à condition qu'elles soient intéressantes ; les bavardages oiseux risquent de l'énerver et de la rendre maussade. Elle gardera sa bonne humeur si vous l'abreuvez de rébus, énigmes et autres **jeux d'esprit**.

Le sexe

La Vierge la plus sage (et même la plus coincée) se lâche souvent dans l'intimité ! Elle n'hésite pas à

explorer l'univers des perversités et aucune bizarrerie sexuelle ne la rebute. Elle peut d'ailleurs se montrer étonnamment **provocante** quand elle vous tient à sa merci. Qu'une Vierge, apparemment sage, et même prude, vous saute dessus, voilà une expérience qui peut s'avérer mémorable ! Une de ses spécialités est de se déchaîner **quand et où** elle veut... Ne vous risquez pas à lui en reparler ni à la taquiner sur son comportement, car son sens de l'humour reste limité.

La tendresse et les câlins

La plupart des Vierges détestent les manifestations d'affection en public. Plus passionnée que sensuelle, la Vierge n'aime pas vraiment les caresses ni les étreintes, et **peut se dérober** à vos tentatives de bisous. Malgré sa réputation de froideur, un sourire ou un mot aimable la dégèlent quand elle est d'humeur. Tout ira beaucoup mieux entre vous si vous captez le signal lumineux rouge qui signifie : **« Garde tes distances »**...

Le/la conjoint(e) Vierge

La Vierge, même la plus indépendante, est capable de s'accommoder du mariage et de se construire un foyer. Bien que sa **manie de l'ordre** puisse rendre fou son/sa conjoint(e), elle s'avère assez souple en ce qui concerne le ménage des lieux où elle vit et travaille. Ces endroits paraissent parfois chaotiques, mais ils obéissent à une logique bizarre où elle est la seule à se retrouver. La Vierge travaille dur, mais pas forcément par plaisir : elle préfère souvent faire le minimum requis pour pouvoir se distraire ensuite. Elle se révèle dans les **situations d'urgence** et elle est là quand on a besoin d'elle.

POINTS FORTS (+)
- FIABLE
- ATTACHÉ AU FOYER
- TRAVAILLEUR

POINTS FAIBLES (–)
- COMPULSIF
- DÉSORDONNÉ
- AUTORITAIRE

RELATIONNEL
- INSISTANT
- PERSPICACE
- CRITIQUE

Le mariage et la lune de miel

La Vierge tient à ce que tout soit parfait pour son mariage et sa lune de miel, mais elle préfère que **quelqu'un d'autre** s'en occupe ! Même si elle n'a rien contre le fait d'établir des plans ou de lister ses préférences, elle aime autant en laisser l'exécution à d'autres. Pour une fois dans sa vie, elle veut pouvoir **rester en retrait et se relaxer** ! De même, quand elle se retrouve seule avec son partenaire tout neuf, la Vierge n'a aucune envie qu'on la bouscule ; elle n'a qu'une idée : profiter de ses vacances, peut-être les premières depuis longtemps...

Le train-train quotidien

La Vierge peut se montrer **extrêmement têtue** en ce qui concerne ses exigences. Opposez-lui le moins de résistance possible ! Faites le maximum pour qu'elle soit, au moins temporairement, satisfaite de votre comportement. L'alternative n'est guère plaisante : si ses exigences ne sont pas remplies, attendez-vous à un déluge de critiques, de plaintes, d'invectives, ou à une froideur qui n'a d'égale que les vents glacés de l'Arctique. La Vierge est réputée difficile à contenter. Limitez vos efforts à essayer d'**obéir au règlement** qu'elle impose, sans poser de questions...

Est-il/elle fidèle ?

Pour une personne aux opinions aussi strictes et qui aime autant les règles, son attitude concernant l'infidélité peut apparaître étonnamment **amorale**.

Elle ne voit aucun mal à flirter ou à avoir quelques aventures, tant que ces affaires privées **restent secrètes** ! En fait, notre Vierge ne considère pas que le sexe soit le plus important dans le mariage et, selon elle, le sujet ne mérite pas qu'on s'en inquiète terriblement. Quand elle est sûre de l'amour et de la dévotion de son conjoint, la Vierge est tout à fait capable d'ignorer un écart occasionnel de sa part. Mais il est rare qu'elle oublie le détail de ces infidélités, qui serviront, plus tard, d'**arme contre le coupable**.

Avec ses enfants

La Vierge s'occupe parfaitement de ses enfants au quotidien. Obsédée par les détails, elle tient à **inspecter sa progéniture** sous toutes les coutures, au mental comme au physique, pour s'assurer que tout va bien. Elle les prépare pour aller à l'école, veille sur les vêtements, les devoirs et le régime alimentaire... La Vierge s'arrange pour ne jamais les laisser seuls quand ils sont petits, mais quand ils sont plus âgés, elle est prête à leur accorder de l'indépendance – et est même soulagée de ne plus avoir à s'occuper d'eux aussi assidûment. Néanmoins, elle garde toujours un **œil sur eux**.

Les questions d'argent...

La Vierge a un grand talent pour les économies et les bonnes affaires ; elle est douée pour épargner et sait se débrouiller avec très peu ! Mais elle a aussi des **oursins dans les poches** et exige de son conjoint qu'il veille sur l'argent du ménage plutôt que de le dépenser. D'ailleurs, si le partenaire fait des frais inutiles, c'est une vraie cause de brouille et la Vierge peut aller jusqu'à cesser de lui parler, ou même refuser tout contact physique ! En général, il est naturel pour elle d'établir et de **suivre un budget**... et d'insister pour que vous en fassiez autant.

Le divorce

La Vierge se montre **impitoyable** en cas de divorce ! En général, elle cherche à obtenir les enfants, la maison, le compte en banque et tout ce sur quoi elle peut mettre la main. Elle considère que c'est elle qui travaille le plus dur et doit donc récupérer la plus grande partie des biens (à l'exception des dettes et des factures). Cette attitude s'accompagne souvent d'un mépris total des besoins de l'autre, qu'elle ne cherche toutefois **ni à léser ni à faire souffrir moralement**. Si elle inflige une blessure, elle n'est généralement pas intentionnelle, mais simplement due à son manque de sensibilité...

L'amant(e) Vierge

La Vierge **s'angoisse facilement** et on ne peut guère compter sur elle pour assurer la stabilité d'une relation romantique. L'idée de devenir **dépendante** de son/sa partenaire l'inquiète et cela transparaît dans ses actes. Dans la plupart des cas, les pensées négatives de la Vierge ne visent qu'elle-même, mais, parfois, elles concernent l'attitude de sa moitié ou la nature de leur relation. Quand elle est confiante, cette amoureuse laisse éclater au grand jour la beauté naturelle de ses sentiments ; son intelligence, son **sens des responsabilités** et ses multiples talents se révèlent alors.

+
ATTIRANT
COMPÉTENT
PRÉVENANT
POINTS FORTS

−
ANXIEUX
INSTABLE
MÉFIANT
POINTS FAIBLES

SECRET
RÉSERVÉ
CRITIQUE
RELATIONNEL

LA rencontre

Souvent, vous entendrez parler de lui/d'elle, comme amant(e) potentiel(le) par un **ami commun** ou quelqu'un **de la famille**. La Vierge aura peut-être entendu le même refrain de son côté et dressé l'oreille... Ainsi, l'attente va croître de part et d'autre avant même que vos chemins se croisent, intensifiant la force de la relation future. Les liens avec la personne qui vous a présentés peuvent servir de prétexte pour vous revoir, mais aussi de liant pour cimenter votre relation, surtout au début.

Où le/la retrouver ?

Il faudra que la Vierge passe beaucoup de temps chez vous avant de s'y sentir vraiment à l'aise ! Au début, il vaut mieux qu'elle vous invite **chez elle**. C'est déjà un immense compliment et la marque d'un **extrême intérêt**. Le seul fait de vous laisser entrer est non seulement un signe de confiance, mais aussi la preuve qu'elle tient à vous connaître mieux. Respectez **scrupuleusement** son intimité ; n'allez pas tripoter ses objets, fouiller dans ses livres, ses papiers ou son réfrigérateur quand elle est absente ou qu'elle n'est pas dans la pièce.

Le sexe...

La Vierge aime le sexe, tant que ce qui se passe entre vous reste privé et n'est **jamais divulgué**. Si des informations, même louangeuses, sur ses performances sexuelles revenaient à ses oreilles, elle en serait fort contrariée. De votre côté, gardez la bouche cousue sur tout ce qu'elle pourrait vous dire, surtout les confidences faites **sur l'oreiller**. Elle vous rendra la pareille en respectant votre intimité. Ces amours secrètes attirent généralement notre Vierge, qui trouve les aventures clandestines très excitantes. Profitez-en au maximum, mais sachez que si vous la trahissez de quelque manière que ce soit, vous risquez de provoquer une violente colère et des représailles aussi rapides que brutales.

Les sorties à deux

Quand vous sortez, souvenez-vous qu'il faut à la Vierge **de la qualité**, que ce soit au restaurant, au spectacle ou dans les moyens de transport ! Elle adore que vous lui accordiez toute votre attention quand vous êtes en sa compagnie. Pour les soirées en tête-à-tête, elle raffole aussi des jeux d'esprit, casse-tête et autres énigmes, et apprécie les conversations intéressantes. L'**inventivité** en matière d'ébats amoureux et de débats intellectuels la séduit tout particulièrement. N'essayez pas de percer directement son mystère, montrez-lui plutôt qu'elle vous fascine en manifestant votre curiosité de manière subtile...

Comment le/la retenir ?

Si vous manifestez de la **constance** dans vos rapports avec la Vierge, une fois que la relation est bien établie, elle restera avec vous. Les raisons de rompre viennent souvent de ce que l'intensité des sentiments diminue avec le temps. Par ailleurs, si la Vierge était déjà mariée ou engagée dans une relation stable quand elle vous a rencontré, attendez-vous, une fois son **caprice assouvi**, à ce qu'elle retourne à son ancien partenaire, en vous laissant choir. Avec le recul, il peut sembler que la Vierge était plus attirée par l'aventure même que par votre personne en particulier...

Une rupture sur mesure

Le plus souvent, c'est la Vierge qui prend l'initiative de la rupture quand la relation a perdu toute **utilité**... La chose peut sembler un peu brutale, mais, en général, les aventures avec elle reposent sur des considérations assez pragmatiques. La Vierge n'est pas seulement réaliste, elle est aussi honnête. Si c'est vous qui choisissez de rompre, elle acceptera sans doute votre décision sans combat, sachant qu'un autre amour l'attend probablement au coin de la rue. La rupture se fait toujours mieux face à face, **de façon franche**, en évitant tromperie et faux-semblant.

L'ex Vierge

La Vierge manifeste rarement de l'enthousiasme à l'idée de rester en relation avec son/sa précédent(e) partenaire. Souvent, elle est pleine de **sentiments négatifs** à son égard et préfère rompre carrément avec le passé. Très douée en matière de lois et d'avocats, elle entreprendra toutes les actions nécessaires pour s'assurer de justes compensations ou pour avoir la garde des enfants en cas de litige. Avec son ex, la Vierge préfère que les choses soient claires, **sans étalage d'émotion**. Il lui arrive pourtant de s'énerver et de piquer des colères, surtout si elle se sent flouée ou lésée.

POINTS FORTS (+)
LUCIDE
DÉCIDÉ
CLAIR

POINTS FAIBLES (—)
CRITIQUE
PEU ENTHOUSIASTE
AMER

RELATIONNEL
FROID
OBJECTIF
DÉTACHÉ

Amis ou ennemis ?

N'espérez pas rester très proche de votre ex Vierge ! Tenter d'établir un nouveau lien affectif avec elle est généralement, dès le départ, voué à l'échec. « Chat échaudé craint l'eau froide », voilà un proverbe qui résume assez bien son attitude en la matière. Ce que vous avez de mieux à espérer, c'est la compréhension de vos positions respectives, le respect mutuel, la disparition du ressentiment et l'arrêt des hostilités. Évitez tout **contact physique**. Votre Vierge peut devenir très désagréable si vous essayez de lui faire du charme ou d'en appeler à ses émotions. En jouant sur les sentiments passés, vous ne provoquerez que rancœur et reproches...

Parler du passé

Réfléchissez bien avant de vous engager dans cette voie ! Vous ne pourrez discuter des problèmes passés que si vous êtes prêt à **analyser, écouter**

et comprendre le point de vue de la Vierge. Si vous montrez le moindre signe de colère ou d'une quelconque émotion violente, attendez-vous à ce qu'elle tourne les talons et disparaisse. Et si la Vierge commence à discuter du passé avec vous, elle voudra probablement poursuivre jusqu'à ce que la question soit épuisée complètement et, généralement, dans la douleur. Tel un chien rongeant son os, elle **ne lâchera pas le sujet** facilement, y revenant pendant des jours, des semaines, voire des mois...

Partager la garde des enfants

La Vierge est un être de **structures**. Elle se sent plus à l'aise dès que le droit de visite ou la garde alternée sont établis clairement ! En général, il n'y a place pour aucune flexibilité, même si les enfants en font la demande pour une occasion particulière. Qui plus est, l'ex Vierge fait le plus souvent montre d'une obstination à toute épreuve pour obtenir le respect des dispositions légales. Si vous manifestez une quelconque émotion, vous ne réussirez probablement qu'à l'énerver. Exercez-vous à **dissimuler vos sentiments**, depuis l'empathie jusqu'à l'explosion de joie ou de colère. Les affects positifs ou négatifs sont susceptibles de provoquer la même réprobation...

Lui exprimer votre affection...

Évitez au maximum ce type de manifestation ! Même si cela doit prendre un ou deux ans, mieux vaut attendre que votre ex Vierge fasse les **premiers pas** pour exprimer son affection. Soyez attentif au plus léger sourire, à un contact de la main, mais, surtout, ne réagissez pas avec excès à ce genre d'ouverture. Il serait même plus prudent de les ignorer. La meilleure approche consiste sans doute à manifester votre affection **par écrit** pour commencer, sans imposer votre présence physique...

Se remettre ensemble

Cette éventualité n'est envisageable qu'après une longue **période de reconstruction** du respect et de la confiance ! Ne soyez pas surpris si, avant même de vous laisser discuter, elle vous demande l'assurance verbale et écrite d'être traitée correctement. Soyez prêt à mettre sentiments et fierté de côté et à reconnaître que vous avez **commis des fautes** par le passé et que vous êtes prêt à changer. De toute façon, la Vierge n'est pas le moins du monde disposée à croire aux promesses, sauf si elles sont étayées par des actes...

III

En famille

PARENT, ENFANT, FRÈRE, SŒUR

Le parent Vierge

Ce parent aime édicter des règles pour protéger et défendre ses enfants. Il veut structurer chaque aspect de leur existence pour leur **épargner tout chagrin** ou malheur. Ce contrôle n'est pas toujours du goût de sa progéniture qui, en grandissant, veut plus d'indépendance. Le parent Vierge provoque souvent la rébellion de ses enfants en refusant d'accéder à leur désir de liberté et en exigeant une **obéissance absolue**, au moins tant qu'ils sont mineurs. Filles et fils seront bien inspirés de ne pas s'y opposer ouvertement et de rester discrets sur leurs désirs et leurs activités...

+
PROTECTEUR
BIENVEILLANT
AIMANT
POINTS FORTS

—
RIGIDE
INTRANSIGEANT
AUTORITAIRE
POINTS FAIBLES

STRICT
CONVENTIONNEL
FERMÉ
RELATIONNEL

Fais pas ci, fais pas ça : la discipline

Comme il interdit strictement certaines activités, le parent Vierge est obligé de recourir à la **discipline** et à des punitions si les règles ne sont pas respectées. Normalement, il lui suffit de gronder. Mais ce parent est assez intelligent pour récompenser aussi l'obéissance, surtout quand un résultat positif résulte du respect de ses conseils ou de ses instructions ! En général, il cherche à établir un **sentiment de solidarité** avec ses enfants, afin qu'ils soient fiers de partager les valeurs familiales.

Les situations de crise...

La Vierge est dotée d'un **système nerveux ultrasensible**. Elle risque donc de réagir de façon excessive à certaines situations. Des enfants un peu raisonnables évitent d'exposer leur père ou leur mère à de telles angoisses et se sortent d'affaire par eux-mêmes. Toutefois, **en cas de réelle urgence**, la Vierge garde généralement son calme et agit avec efficacité pour rétablir la situation. D'un naturel anxieux, elle a parfois du mal à ne pas s'inquiéter pour la sécurité de ses chers petits. Elle risque même, sans le vouloir, de provoquer de minicatastrophes au lieu de les empêcher. Le parent Vierge devrait savoir

Est-il affectueux ?

Le parent Vierge n'est pas toujours très expansif, mais il exprime ses sentiments par de **petites attentions**. Les enfants qui sont proches d'un parent Vierge reconnaissent et adorent ces signes ! Même la Vierge la plus stricte a un côté tendre qui transparaît de temps à autre. Mais si les chers petits veulent manifester leur affection en public, ce parent risque fort de repousser leurs démonstrations, quitte à les apprécier plus tard, dans l'intimité. Il est curieux qu'un être aussi pragmatique que la Vierge dispense sa tendresse sporadiquement, **sans aucune raison**, et sans en faire une marque de faveur...

que la crainte peut agir psychologiquement et attirer le danger qu'on cherche à éviter.

Les questions d'argent

La Vierge se montre très stricte en ce qui concerne l'argent qu'elle donne à ses enfants, pas seulement par souci d'économie, mais surtout parce qu'elle veut leur inculquer de **bonnes habitudes** ! Elle leur alloue un peu d'argent de poche et garde un œil sur la manière dont ils le dépensent. Si l'un des gamins a une envie particulière, le parent Vierge insiste pour qu'il économise et paye **avec son argent**, qu'il a souvent gagné en faisant du baby-sitting. S'il s'agit d'une chose vraiment chère, il l'aide en lui confiant une tâche qu'il rétribue.

Les vacances et les réunions de famille

Le parent Vierge organise vacances ou réunions de famille dans les **moindres détails** ! Les enfants apprécient de n'avoir rien à faire par eux-mêmes, mais en même temps, ils rêvent du plaisir de l'imprévu. Ils finissent par trouver que cette planification excessive rend les choses un peu routinières... Malheureusement, la Vierge a tendance à toujours répéter le même scénario sans surprise, qui devient lassant à la longue. Elle aime **les traditions et les rituels** ; le cadre familial ne fait qu'accentuer le côté conservateur de son caractère.

Le parent Vierge âgé

En vieillissant, le parent Vierge devient de plus en plus exigeant ! Il est difficile de s'en occuper en tenant compte à la fois de ce qu'il aime et n'aime pas. La Vierge âgée **aime se plaindre** ; elle exprime ses besoins, raconte ses problèmes et ses contrariétés plutôt que de se morfondre... Le meilleur moyen pour garder la situation en main est encore de se fier au simple bon sens.

Le frère ou la sœur Vierge

Ne prenez pas la tranquillité de cette Vierge pour de la faiblesse ! Généralement, cet être se sent assez **sûr de sa force** pour ne pas avoir besoin d'attirer inutilement l'attention sur lui. Il s'occupe de ses affaires sans jamais demander aucune aide, à moins d'y être vraiment obligé. Il sait parfaitement trouver sa place dans la fratrie ; l'aîné est sûr de lui, le cadet plus souple, le benjamin est gentil et souvent même adorable. Très **fidèle à sa famille**, il soutient ses frères et sœurs contre vents et marées.

Points forts (+)
- ADAPTABLE
- PRÊT À AIDER
- SOLIDAIRE

Points faibles (–)
- SILENCIEUX
- SUSCEPTIBLE
- PASSIF

Relationnel
- SERVIABLE
- AMICAL
- RÉSERVÉ

Rivalité ou atomes crochus ?

L'enfant de ce signe **s'accommode** généralement bien de sa place dans la famille. Il n'a pas besoin de s'engager dans des rivalités sans fin avec les autres membres de la fratrie pour s'affirmer ou asseoir sa position ! Ses bonnes dispositions le poussent à mettre toute son énergie au service des siens, sans jamais se plaindre ni chercher de reconnaissance. Sa récompense réside dans l'aide qu'il donne et, dans ce domaine, il est particulièrement désintéressé. Malgré tout, il est **sensible à la gratitude** et il peut en demander sa juste part en retour de ses efforts. Bien que la Vierge se sente proche de ses frères et sœurs, elle est souvent parmi les premiers à **quitter le nid** pour vivre sa vie.

Enterrer la hache de guerre

Quand une Vierge est brouillée avec sa famille, toute réconciliation est **improbable** ! Dès que son parti est pris, elle adopte une attitude distante et impénétrable qu'il est difficile, sinon impossible, de percer. Même quand le temps a passé, il faut **énormément de patience** pour renouer des relations. On peut cependant y arriver, petit à petit, après des mois, voire des années, d'approche délicate. Il n'est pas inutile de faire des excuses, mais mieux vaut encore tendre le rameau d'olivier. Encourager les deux parties à mettre un terme à leurs querelles peut s'avérer efficace aussi. Dès que la Vierge revient au bercail, elle le fait complètement et sans réserve.

Les questions d'argent

La Vierge se montre particulièrement pointilleuse sur les questions d'argent, surtout en matière d'**héritage** ! Elle insiste pour que chacun reçoive son dû, mais elle veut recevoir sa juste part. Si elle est chargée d'administrer le patrimoine familial, elle exige une gratification correcte en contrepartie. La Vierge n'aime pas trop **emprunter ni prêter** de l'argent. Pourtant, s'il s'agit d'une question vitale, souvent en rapport avec son noyau familial, elle n'hésite pas à en réclamer ou même à chercher des moyens légaux pour casser un testament.

Le poids du passé...

Notre Vierge sait se montrer **impitoyable quand elle se sent lésée** ! D'un tempérament acerbe et vindicatif, elle peut s'attaquer à toute sa fratrie avec une rare violence. Tant que les abcès ne sont pas vidés, tout le monde vit dans la tourmente ! Ce que la Vierge exige avant tout, c'est la **justice** qui, de son point de vue, doit être la même pour tous. Dès que l'injustice pointe sa hideuse tête, notre chevalier sort son glaive pour l'abattre. Ses châtiments vont de la froideur au silence, en passant par le mépris, mais elle peut aussi aller jusqu'à la violence physique...

Les réunions de famille

La Vierge est réputée pour son **sens du devoir** ! On peut compter sur elle pour s'investir dans la préparation des réunions de famille. Elle aime particulièrement les **retrouvailles** de parents qui ne se sont pas vus depuis longtemps. En cette occasion, ses talents d'organisatrice font merveille. Souvent, elle fait venir tout le monde chez elle et réussit à trouver miraculeusement pour chacun un coin où dormir et poser ses bagages. S'il s'agit de membres de la famille plus âgés, comme les parents, des oncles et des tantes, elle est même prête à **céder son propre lit** et à coucher sur un matelas par terre pendant une nuit ou deux...

Les vacances

En matière de déplacements, la Vierge **déteste l'imprévu** ! Elle sait très bien que certains de ses frères ou sœurs ont des goûts qui ne correspondent pas du tout aux siens. Dès le départ, elle préviendra clairement qu'elle ne souhaite pas être de la partie si de telles orientations sont prises. Et elle se démènera pour que les choses soient **faites à sa façon**... Son potentiel d'irritabilité est élevé, mais ses exigences personnelles sont plutôt raisonnables et assez classiques. Elle refuse tout simplement de courir le risque que ses vacances soient gâchées par des imprévus ou des comportements excentriques ou gênants !

L'enfant Vierge

Année après année, le consciencieux enfant Vierge coopère, sans jamais se plaindre ! Mais s'il se sent sous-estimé ou carrément ignoré, son ressentiment s'accumule, pour exploser tôt ou tard. **Accordez-lui de l'attention** et montrez de la gratitude pour ses services. Bien que la petite Vierge puisse être un modèle de sagesse, elle peut aussi se montrer très critique envers ses parents, et raisonneuse. Elle exige souvent que ces derniers **respectent leur parole**, car elle prend tout au pied de la lettre. Les parents d'un enfant Vierge apprennent très vite qu'ils ne doivent pas faire de promesses à la légère !

\+
CONSCIENCIEUX
COOPÉRATIF
OBÉISSANT
POINTS FORTS

–
TÊTU
CRITIQUE
RÉTIF
POINTS FAIBLES

RÉSERVÉ
VIGILANT
PRUDENT
RELATIONNEL

Laissez-le grandir !

Quand la petite Vierge grandit, les changements ne sont ni très rapides ni très visibles ! Le cœur de sa personnalité reste **identique**, même si ses centres d'intérêt et ses activités se modifient beaucoup. Son apparence risque aussi de passer par des transformations extrêmes. Dès son plus jeune âge, la Vierge se forme des **convictions arrêtées**, qu'elle n'abandonnera pour rien au monde. Son attitude morale est intransigeante. Peu d'enfants désapprouvent, comme elle, des comportements qu'elle juge inéquitables. Elle est tout simplement incapable de tolérer, sans protester violemment, que ses parents se montrent injustes envers un de ses frères ou sœurs, ses amis, ou même ses animaux familiers...

Ses centres d'intérêt

Plus cet enfant grandit, plus ses hobbies deviennent importants à ses yeux ! Qu'il soit collectionneur ou passionné de jeux vidéo, de sport, de mode ou de cinéma, il consacre souvent plus d'énergie à sa passion qu'à son travail scolaire. Cela dit, la Vierge fait généralement de bonnes études. Ses **dons d'organisation** lui permettent de passer dans la classe supérieure, souvent avec d'excellentes notes. L'enfant Vierge se dirige souvent vers des carrières de service telles que la santé, le travail social, l'enseignement ou l'édition. Il est aussi très doué pour **gagner beaucoup d'argent** et sait comment l'investir. Il peut donc devenir un excellent banquier, un bon agent de change ou entrer dans les affaires...

Les démonstrations d'affection

Même si l'affection n'est pas de la première importance pour cet enfant, il y est **extrêmement sensible**. Quand quelqu'un de la famille lui exprime sa tendresse par un câlin ou un mot gentil, il fond littéralement. La petite Vierge, assez peu

L'autorité : jusqu'où aller ?

En général, il n'est **pas nécessaire** d'user de discipline avec une petite Vierge : elle est très consciente de ce qui est permis ou non ! En cas de désobéissance manifeste, elle plaide rarement l'ignorance, ni ne cherche d'excuses. Quand elle enfreint les règles, c'est en toute connaissance de cause, et elle en **admet les conséquences**. Si punition il y a, elle l'acceptera sans se plaindre. En revanche, si un châtiment abusif ou inutile est appliqué à un autre, elle protège le malheureux puni injustement – frère, sœur ou ami – avec la dernière énergie !

démonstrative de nature, adore avoir des **animaux familiers** ; avec eux, elle déborde d'affection, et il ne se passe pas un jour sans qu'elle les couvre de caresses. Elle a souvent un favori parmi ses parents ou dans sa fratrie et c'est avec lui qu'elle partage tout. Évidemment, cette préférence n'est pas sans provoquer des jalousies familiales, parfois extrêmement violentes.

Avec ses frères et sœurs

Si ses parents et les autres membres de la fratrie se comportent avec **équité**, l'enfant Vierge ne pose aucun problème. En cas d'injustice, en revanche, il refuse tout simplement de se soumettre et les difficultés persistent jusqu'à ce que le mal soit réparé ! Inutile de lui rappeler ses devoirs et ses obligations, ni de l'obliger à les remplir : en général, c'est lui qui s'en souvient, presque comme un adulte. Il **n'oublie jamais** les vacances ni les anniversaires, ni aucune occasion particulière et, à chaque fois, il prend l'initiative de rassembler tout son monde. Il est spécialement doué pour **réveiller l'enthousiasme** des membres de la famille paresseux ou peu enclins à participer aux activités...

Petite Vierge devenue grande

Dès son plus jeune âge, la petite Vierge a une attitude si **mature** qu'elle paraît déjà vieille ! Dans ce cas, il y aura peu de différences entre les versions enfant et adulte de cette personne. On peut se hasarder à avancer qu'en grandissant, elle devient juste un tout petit peu plus adulte... La raison de cette maturité est sans doute à chercher dans le **sérieux** de ce petit individu, une qualité qui persiste et va même en augmentant avec l'âge. C'est pourquoi il est très important que la Vierge adulte **s'amuse** et se laisse aller de temps en temps... L'enfant Vierge devenu adulte aime énormément ses amis et les membres de sa famille, et il adore passer de bons moments avec eux.

IV

En société

AMI(E), COLOCATAIRE, RELATIONS

L'ami(e) Vierge

L'ami(e) Vierge peut se montrer extrêmement efficace et être d'un **grand secours**. Il/elle semble savoir exactement quand vous avez besoin de lui/d'elle. Si vous vous êtes perdus de vue depuis un certain temps, il/elle surgit souvent **juste au bon moment**. Bien que la Vierge soit généralement exigeante, en tant qu'amie, elle a beaucoup de mal à réclamer de l'aide. Ses demandes sont peu fréquentes, mais quand elles finissent par venir, il faut les prendre au sérieux. Elle n'a pas besoin de rester continuellement en relation avec ses amis. Il suffit que vous l'appeliez ou lui envoyiez un courriel de temps à autre.

+
DÉVOUÉ
SERVIABLE
CONSTANT
POINTS FORTS

–
DIFFICILE
EXIGEANT
JUGE TROP
POINTS FAIBLES

CRITIQUE
ATTENTIONNÉ
IMPLIQUÉ
RELATIONNEL

Lui demander conseil

Un ami Vierge est de très bon conseil : il pense avec logique et est capable d'**anticiper les problèmes** qui risquent de surgir. Mais il voudra savoir, plus tard, si vous avez suivi ses précieux avis ! Si vous ne l'avez pas écouté, il choisira peut-être de ne plus vous proposer son aide. La Vierge a tendance à se montrer à la fois critique et prompte dans ses jugements. Aurez-vous envie que votre comportement soit **passé au crible** après avoir écouté ses conseils ? Réfléchissez-y à deux fois avant de la solliciter ou d'accepter ses propositions, car cela risque de sonner le glas d'une belle amitié...

Si vous avez besoin de lui/d'elle...

La Vierge ne prodigue son aide que **dans certaines circonstances** – quand tout va bien dans sa vie et qu'elle se sent prête à le faire. Elle se noie si souvent dans ses problèmes qu'elle n'a pas toujours la stabilité émotionnelle nécessaire pour s'aider elle-même. Avec ses systèmes nerveux et digestif si sensibles, la Vierge se trouve souvent dans un état de malaise ou, tout au moins, de légère anxiété. Assurez-vous de sa **bonne condition** physique, mentale et émotionnelle, avant de lui demander de vous aider. Si elle va suffisamment bien, n'hésitez pas !

Lui emprunter de l'argent...

Pour beaucoup de Vierges, il existe une loi non écrite qui stipule : « Si je ne t'emprunte pas d'argent, ne m'en emprunte pas non plus. » Si vous approchez pour un emprunt un ami Vierge qui ne vous a jamais rien demandé, vous risquez d'être **accueilli froidement** ! Le fait qu'il ait de l'argent ou non à ce moment précis n'est pas un facteur déterminant dans sa décision. Il veut savoir **ce que vous allez faire** de ces fonds, si c'est une bonne idée de les dépenser, comment et quand vous allez le rembourser... Dans ces conditions, vous préférerez peut-être trouver de l'argent ailleurs !

Rester en contact

Avec la Vierge, la communication est, en apparence, franche et directe, mais d'autres enjeux peuvent se dissimuler sous la surface. Sa conversation joue souvent sur plusieurs niveaux à la fois. Après certains échanges, vous aurez envie de vous repasser la bande pour essayer de **lire entre les lignes** ! En général, ce qui compte pour une Vierge n'est pas la fréquence de la communication, mais sa **continuité**. Si vous prenez peu à peu l'habitude de vous parler toutes les semaines ou tous les mois, elle attendra de vous que vous **respectiez ce rythme**. Le plus souvent, une bonne soirée passée ensemble ou une longue conversation téléphonique lui suffiront pour un moment.

Les rencontres : où et quand ?

Laissez votre ami Vierge **choisir** l'heure et le lieu si cela n'est pas d'une importance primordiale pour vous... Tout est si compliqué tant qu'il ne sait pas s'il veut faire les choses de telle ou telle manière ! N'essayez pas de l'obliger à prendre des arrangements qui visiblement lui déplaisent. Cela ne ferait qu'envenimer la situation – et risquerait même de finir en catastrophe – et exigerait, de part et d'autre, une longue période de récupération...

Faire la fête

L'ami Vierge est un **organisateur hors pair**, mais on ne peut jamais savoir s'il sera de bonne humeur et en forme le jour J ! Il lui arrive de s'investir à fond dans la préparation d'un événement et de souffrir d'une épouvantable migraine ou de maux d'estomac qui l'empêchent d'y prendre part... À vrai dire, les grandes réunions ne sont pas son fort, et il aime mieux rencontrer les gens en tête-à-tête ou en **petit comité**. Si vous avez besoin qu'il vous accompagne ou vous serve de garde du corps, il remplira ce rôle à merveille...

Le/la colocataire Vierge

Le/la colocataire Vierge ne cherche pas à jouer le rôle dominant dans la vie de tous les jours, mais ses exigences de base sont assez strictes pour que sa présence s'impose avec force. La Vierge ne peut pas s'effacer, elle est convaincue d'être là pour contribuer à l'**équilibre domestique**. Elle n'est pas du genre à semer le chaos ou la rébellion ouverte, mais si on la contrarie ou qu'on l'ignore trop souvent, elle campe sur ses positions et refuse d'en bouger. Elle peut se montrer **impitoyable** envers son/sa colocataire et laisse rarement – voire jamais – passer le moindre affront, aussi minime soit-il !

+
STABLE
CONSCIENCIEUX
ORDONNÉ
POINTS FORTS

–
RIGIDE
IMPITOYABLE
VINDICATIF
POINTS FAIBLES

DÉTERMINÉ
RESPONSABLE
LOGIQUE
RELATIONNEL

Les questions d'argent

La Vierge n'est pas réputée pour sa **générosité** ! Elle est prête à tenir ses engagements, mais elle peut très bien refuser de payer un centime de plus que ce qui a été prévu. Elle ne fera pas de cadeau au colocataire qui ne peut pas remplir ses obligations, et n'hésitera pas à se répandre en accusations et autres invectives... L'attitude inflexible de notre Vierge concernant les questions d'argent garantit que le loyer, le téléphone et autres factures inévitables seront toujours **réglés à temps**. En revanche, quand il s'agit de la nourriture et du superflu, elle peut exiger que son ou ses colocataires fassent attention et ne dépensent pas trop.

Qui passe l'aspirateur ?

Malgré sa réputation de maniaque de la propreté, la Vierge se révèle aussi **désordonnée** que tout un chacun... Mais elle nettoiera tout, et souvent en un clin d'œil. Cela ne veut pas dire qu'elle nettoiera aussi vos saletés ! Fréquemment, une frontière très nette montre où elle s'est arrêtée. Elle n'aime pas harceler les autres pour qu'ils fassent le ménage ; elle donnera plutôt un ordre lapidaire pour signaler le déclenchement des opérations. Mais où réside la véritable vertu ménagère de la Vierge ? Elle pense qu'il y a **une place pour chaque chose** et que chaque chose devrait, autant que possible, être à sa place quand on ne s'en sert pas...

Le meilleur hôte de l'année ?

La Vierge regarde souvent d'un œil inquiet vos invités, qu'elle voit comme de potentiels **fauteurs de désordre** : après leur départ, elle devra ranger ! Elle peut se montrer extrêmement généreuse et accueillante à l'égard de membres de sa famille ou d'amis venus passer quelques jours. Mais, en règle générale, elle **déteste qu'on s'incruste** et s'énerve quand les hôtes commencent à prendre leurs aises. La Vierge n'a aucun scrupule à demander une contribution financière pour la nourriture quand une visite s'éternise...

Si vous organisez une fête chez vous, la Vierge n'a rien contre le fait de se laisser aller. Elle peut se montrer aussi **déchaînée et provocante** que les invités, et même plus ! Toutefois, une fois l'excitation retombée, son sens de l'ordre reprend

Aborder les questions qui fâchent...

La Vierge est persuadée que tout problème a sa solution, tant que la conversation reste calme, rationnelle et se concentre sur les questions principales. Quant aux points particuliers, elle les aborde volontiers si vous y avez réfléchi et avez pris son avis en considération ! Ne l'attrapez pas à l'improviste pour **discuter entre deux portes**. Elle préfère que vous preniez rendez-vous de manière à pouvoir bien réfléchir au problème et, surtout, rassembler ses idées pour se préparer à débattre tranquillement. La Vierge croit dur comme fer qu'à tout problème existe une **solution logique** et de bon sens...

immédiatement le dessus. Elle commence à remettre en place, ranger et conduire les hôtes vers la porte avec délicatesse. Souvent, notre Vierge prend en charge, avec succès, toute l'organisation de la fête sans attendre le moindre remerciement.

Le respect de l'intimité

Extrêmement **réservée et secrète**, la Vierge exige que son espace personnel soit inviolable, mais elle se montre tout à fait prête à partager équitablement les pièces communes - salon, salle de bains et cuisine. Sauf en cas d'incendie, il est absolument interdit de pénétrer dans sa chambre et elle demande toujours qu'on l'appelle ou qu'on frappe à la porte (mais par pitié, pas trop souvent !). Quand elle utilise l'accès Internet de l'ordinateur commun ou le téléphone, elle déteste qu'on regarde par-dessus son épaule ou qu'on l'écoute. Il faut lui laisser le **maximum d'intimité** le matin de bonne heure, tard le soir et, bien sûr, entre les deux...

ÉDITION ORIGINALE
Vierge, son mode d'emploi, ses qualités : *Gary Goldschneider's Everyday Astrology*. Initialement publié en anglais par Quirk Books, Philadelphia, PA. Les droits de ce livre ont été négociés par l'intermédiaire de l'agence littéraire Sea of Stories (www.seaofstories.com, sidonie@seaofstories.com).

ÉDITION FRANÇAISE
Adaptation à partir de *Signes astrologiques, mode d'emploi*, de Gary Goldschneider.
Traduit par Catherine Bricout et Marie-Noëlle Pichard.

Direction de la publication : Isabelle Jeuge-Maynart et Ghislaine Stora
Direction éditoriale : Émilie Franc
Édition : Laure Sérullaz
Direction artistique : Géraldine Lamy
Conception graphique : Bastien Gelas
Réalisation : Nord Compo
Fabrication : Marlène Delbeken

Typo Le Murmure (titre)
© Jérémy Landes / Velvetyne Type Foundry

ISBN 978-2-03-600962-2
Imprimé en Espagne par Unigraf SL
Dépôt légal : août 2021
328567/01 - 11047225 - juillet 2021